Sa Sainteté le Dalaï-Lama est le chef politique et spirituel du Tibet. Il est considéré par les bouddhistes comme la réincarnation du Bodhisattva de la Compassion. Depuis 1959, Tenzin Gyatso, XIVe Dalaï-Lama, vit en exil à Dharamsala, dans le nord de l'Inde, où il s'est réfugié après l'invasion du Tibet par la Chine. Lauréat du prix Nobel de la paix en 1989, il a vu récompenser son combat non violent en faveur de la libération de son pays. Le Dalaï-Lama a également parcouru le monde et publié plusieurs ouvrages pour divulguer le message du bouddhisme en Occident, parmi lesquels *Puissance de la compassion*, *Conseils du cœur*, *365 méditations quotidiennes*, *Le pouvoir de l'esprit* ou *Leçons de sagesse*.

108 PERLES DE SAGESSE POUR PARVENIR À LA SÉRÉNITÉ

DU MÊME AUTEUR
CHEZ POCKET

SAMSARA
PUISSANCE DE LA COMPASSION
CONSEILS DU CŒUR
LE POUVOIR DE L'ESPRIT
LEÇONS DE SAGESSE
LES CHEMINS DE LA FÉLICITÉ

OUVRAGES EN COLLABORATION :

LA FORCE DU BOUDDHISME
avec Jean-Claude CARRIÈRE

COMMENT PRATIQUER LE BOUDDHISME
avec Jeffrey HOPKINS

365 MÉDITATIONS QUOTIDIENNES DU DALAÏ-LAMA
avec Matthieu RICARD

SA SAINTETÉ LE DALAÏ-LAMA

108 PERLES DE SAGESSE POUR PARVENIR À LA SÉRÉNITÉ

Recueillies et présentées par Catherine Barry

PRESSES DE LA RENAISSANCE

ISBN 978-2-266-17085-7

À mon fils, Benjamin,
et à tous ceux de sa génération
qui feront le monde de demain

« Tant que durera l'espace, tant que durera le temps, puissé-je demeurer afin d'aider tous les êtres sensibles à se libérer de la souffrance et de ses causes et à trouver le bonheur et ses causes afin de réaliser l'éveil. »

En 1960, l'Europe découvre l'existence des lamas tibétains grâce au dessinateur belge Hergé. Il publie alors dans le journal Tintin les premières pages de ce qui deviendra l'album Tintin au Tibet. J'attendrai, quant à moi, encore quelques saisons pour lire, captivée, les exploits du jeune reporter. C'est d'eux que naîtra sans doute, en partie, mon désir du Tibet et d'aventures. Jamais, au cours des années qui ont suivi, mon intérêt pour le bouddhisme et le pays du Toit du Monde ne s'est démenti. La connaissance acquise auprès des maîtres de cette tradition, leur fréquentation et la pratique de la méditation dans laquelle ils m'ont guidée, ne firent que renforcer mon opinion que, près d'eux – du moins près de certains d'entre eux –, j'avais trouvé des réponses à ma quête existentielle. Depuis trente ans maintenant, j'apprends qu'il est possible de transformer son esprit. Cette évidence m'a conduite, lorsque les circonstances – les bouddhistes diraient le karma – se sont présentées à moi, à orienter ma vie professionnelle en accord avec cette tradition que j'avais choisie de pratiquer. Comprenant dans mon cœur ce que peuvent apporter dans la vie de tous les jours les principes bouddhistes, participer à leur diffusion à travers le média « difficile » qu'est la télévision pour ce type de « transmission » et manifester ainsi mon engagement dans cette tradition, m'a semblé particulièrement important.

Au fil du temps, j'ai eu le privilège de côtoyer de grands maîtres de toutes les écoles, dont Sa Sainteté le Dalaï-lama. Toutes les rencontres participent à construire autrement nos vies et nous font évoluer. Certaines sont des catalyseurs plus puissants que d'autres, qui révèlent, sans concession, notre être véritable, nous permettant ainsi, au moins un peu, de progresser. Mystère de l'échange conscient et inconscient qui fait que nous ne sommes plus tout à fait les mêmes, ni tout à fait autres. Ces influences nous traversent et nous invitent à aller au-delà de nous-mêmes. Les rencontres avec Sa Sainteté ont participé à construire ma vie, autrement. Comment dès lors ne pas éprouver le devoir et le besoin de témoigner de la force de ces enseignements bouddhistes que le Dalaï-lama incarne ? Son état d'être nous touche d'autant plus que nous avons perdu l'habitude de voir s'exercer, chez un seul être, une telle unité entre la parole et l'action. Quelle formidable leçon d'humanité que de voir ce simple moine faire face, depuis plus de cinquante ans maintenant, à la tragédie de son peuple avec force, courage, détermination et une foi dans les enseignements du Bouddha qui ne se sont jamais démentis. Quelle magnifique leçon de vie de voir la manière dont il offre ses connaissances et son temps, sans compter, aux peuples de la planète comme s'il était un simple homme parmi les hommes alors que son peuple le vénère comme un dieu. Combien il est frappant et enthousiasmant enfin de constater que, quelles que soient les circonstances, sa parole, toujours vraie, est en accord avec les pensées et principes qu'il véhicule.

Il nous montre que nous pouvons suivre ses traces et que la transformation intérieure est possible à condition, bien sûr, d'accepter qu'il faille du temps et une vraie détermination pour mener à bien cet apprentissage et approcher la réalité de cette Voie.

Ses enseignements, pleins de bon sens et de sagesse pragmatique, ne cessent de m'accompagner, jour après jour, sur cette Voie de transformation de l'esprit qu'est « le bouddhisme tibétain ». Ils sont, pour moi, des étapes, des clefs, qui favorisent la transformation intérieure dès lors que nous prenons le temps de les méditer et de les analyser. D'où cet ouvrage où je vous propose cent huit méditations, chiffre métaphorique qui représente les 108 grains du rosaire, le mala, avec lequel nous pratiquons et récitons les mantras, ces « prières » qui aident à pacifier l'esprit et le cœur et à canaliser et modifier nos énergies « perturbatrices ». Chaque phrase de sagesse symbolise ici un grain du mala. J'espère qu'elles vous inspireront et vous aideront, à votre tour, à toucher du doigt ce que sont la réalité de la compassion, de la tolérance, de l'amour, de la bonté et le respect infini de l'autre – l'autre considéré, quelles que soient les circonstances, comme toujours plus important que soi. Existe-t-il message plus essentiel que celui-ci, qui nous apprend à vivre en paix et heureux avec soi-même et avec les autres ?

*
* *

Je voudrais partager avec vous trois anecdotes qui montrent la manière dont le Dalaï-lama peut changer la vie de chacun et qui m'ont permis de mieux percevoir la bonté qui rayonne de lui.

*
* *

Peu après que sa Sainteté eut reçu le prix Nobel de la paix, en 1989, j'ai eu la chance de l'approcher pour la première fois, à l'hôtel Saint-James, à Paris. Une réunion y était organisée pour permettre à certains artistes français et étrangers de rencontrer ce moine souriant qui fascinait le monde entier du fait de son combat non violent contre les Chinois. En recevant le prix Nobel de la paix, le Dalaï-lama rejoignait le panthéon très fermé des grandes figures charismatiques et emblématiques des apôtres de la non-violence : le Mahatma Gandhi et le pasteur Martin Luther King. Nombreux étaient ceux qui souhaitaient le rencontrer. Dire que l'approcher à cette occasion s'avérait difficile est un doux euphémisme. Je le savais et n'étais venue que dans l'espoir d'apercevoir de loin celui qui, pour moi, incarnait la tradition spirituelle que je suivais depuis quelques années. Mais la vie en avait décidé autrement. Un ami se trouvait parmi les responsables de la sécurité de Sa Sainteté et, en un clin d'œil, je devins l'une des personnes qui participaient à la bonne marche de la soirée. Un cadeau inestimable, inattendu, qui allait m'inciter encore plus à m'engager sur cette voie. La présence de Tenzin Gyatso en chair et en os, que je pus, ce soir-là, ressentir de manière si directe et tangible, pour la première fois, a agi sur moi comme un puissant catalyseur. Son énergie joyeuse, indestructible et entraînante, a généré un profond processus de transformation intérieure. Ce qui ne veut pas dire que progresser sur la voie bouddhiste devienne plus facile pour autant, ou que les problèmes soient résolus par magie. Ne perdons pas de vue que le processus de transformation est long, difficile, ardu même, puisque le matériau sur lequel nous travaillons et agissons est notre propre esprit. Le bouddhisme enseigne que ce changement s'accomplit au cours de nombreuses vies, ce qui souligne la profondeur de l'engagement nécessaire à la transformation véritable.

*
* *

Une autre fois, j'ai pu participer, à Paris, à la rencontre de Sa Sainteté avec les membres de la communauté tibétaine résidant en France. La charge émotionnelle était telle que j'en fus bouleversée à jamais. Pour comprendre le choc que j'ai ressenti, il faut se souvenir des témoignages de Tibétains ayant risqué leur vie pour approcher, quelques instants, Sa Sainteté le Dalaï-lama, à Dharamsala en Inde. Ces Tibétains, au cours de brefs entretiens, reçoivent sa bénédiction, une kata, l'écharpe blanche de bon augure, quelques conseils et recommandations et surtout une écoute attentive avant de repartir ensuite – à la demande du leader tibétain – dans des conditions toujours aussi périlleuses au Tibet, afin que le pays ne se dépeuple pas. Ils sont prêts à tout pour ce bref instant.

Se souvenir de cela permet de mesurer la chance que nous avons, ici, en Occident de côtoyer, aussi facilement, Sa Sainteté lors de ses venues en France. Il faut garder en mémoire l'émotion palpable, le bonheur immense des Tibétains qui se trouvent en présence de celui qui est leur dirigeant religieux et politique, qui symbolise leur peuple, le bouddhisme et leur espoir de retourner un jour dans leur pays. Le respect infini qu'ils éprouvent envers celui qui manifeste pour eux sur cette terre Tchenrézi, le Bouddha de la compassion, est impressionnant et nous ouvre l'accès à une dimension sacrée de la personne du Dalaï-lama, que nous pourrions peut-être occulter. Voir Tenzin Gyatso avec son peuple permet de mieux prendre conscience de la véritable dimension qui est la sienne.

*
* *

Depuis que nous avons commencé les émissions, nous avons le privilège de recevoir le Dalaï-lama, environ tous les deux ans, lorsqu'il séjourne en France. À cette occasion, les autres traditions religieuses qui passent sur France 2 le dimanche matin offrent, gracieusement, quelques minutes de leur temps à Voix bouddhistes afin que nous puissions donner la parole plus longuement au chef religieux et politique des Tibétains. L'émission dure alors une demi-heure au lieu du quart d'heure habituel. Jamais au cours de toutes ces années – et cela mérite d'être souligné à une époque où les tensions religieuses dans certains pays existent de manière indéniable – il n'y eut le moindre problème pour que Sa Sainteté dispose de ce temps d'antenne plus grand. Chaque entretien avec Sa Sainteté suscite en moi une grande joie. Nombreux sont ceux et celles qui l'écouteront et qui souhaitent entendre ses paroles de réconfort, d'amour, de tolérance, de sagesse. Je crains de ne pas poser « les » bonnes questions, celles qu'attendent les gens, celles qui les toucheront. Ma responsabilité est grande car il ne s'agit pas d'une interview banale. Au-delà d'une émission de télévision, il s'agit avant tout d'un dialogue avec un maître spirituel.

Les entretiens avec Sa Sainteté ne sont possibles que grâce à un fabuleux travail d'équipe. Les techniciens, nombreux sur le plateau, veillent au moindre détail et à ce que tout soit à sa place avec une minutie plus grande encore qu'à l'ordinaire ; pas de bruits inutiles et une grande concentration. Dès que Sa Sainteté arrive, toujours dynamique et souriant, la joie inonde les visages. Nous sommes heureux d'être en sa présence si chaleureuse. L'atmosphère se détend d'un coup. Tenzin Gyatso s'installe confortablement et éclate d'un rire sonore lorsqu'un technicien, un peu gêné devant la robe du moine, tente de lui poser maladroitement un micro. Il me sourit, j'oublie mes doutes, mon stress. Je suis face à un maître éclairé qui saura offrir le meilleur de sa connaissance aux téléspectateurs. La voix du moine traducteur Matthieu Ricard monte dans mon oreillette, tout est prêt, nous commençons l'interview. Sa Sainteté est attentif, disponible, totalement présent à ce qui se passe alors que ses obligations sont immenses. Au détour d'une question, à l'aise et décontracté, il retire ses chaussures et s'assoit en tailleur. Un geste simple qui signifie qu'il est avec nous comme chez des amis.

Par sa présence et ses réponses claires, Sa Sainteté génère la prise de conscience que nous sommes interdépendants, reliés, responsables les uns des autres, ce qui incite à développer non-violence, compassion et tolérance. Qualités absolument nécessaires à notre époque, comme le souligne Sa Sainteté le Dalaï-lama lorsqu'il prône une éthique spirituelle universelle.

À la fin de l'interview, les techniciens s'empressent d'éteindre les énormes spots de lumière. Il fait très chaud. Chacun s'approche timidement de Sa Sainteté, une kata à la main. Le Dalaï-lama bénit ceux qui le souhaitent, bouddhistes ou non, car en ces moments peu importe l'appartenance au bouddhisme, nous sommes ici avant tout des femmes et des hommes heureux d'avoir eu le privilège de passer une heure en compagnie de cet être rare.

Cette qualité de présence qui permet de se détendre et d'ouvrir son cœur, je voudrais vous la transmettre en partageant avec vous les paroles du Dalaï-lama qui m'accompagnent au jour le jour, dans mon métier de journaliste comme dans ma vie de femme.

Pour accompagner ces paroles de sagesse, nous avons choisi de vous présenter les grandes images et symboles de la voie du Bouddha, qui incarnent les principes présentés ici par le Dalaï-lama.

Vous trouverez ainsi les représentations de maîtres qui ont transmis la sagesse des enseignements. C'est grâce à leurs efforts pour pratiquer et contempler ces enseignements que ceux-ci nous sont parvenus.

Juchées sur divers animaux, représentant les diverses émotions – la colère, la jalousie, la bêtise, l'agression, l'orgueil –, les déités protectrices de l'enseignement nous rappellent qu'il est possible de les dompter et de cesser ainsi d'en être prisonnier.

Les Bouddhas, enfin, sont autant de manifestations des qualités positives de l'éveil qui existent potentiellement en chacun de nous. Ils ne sont pas des dieux existant à l'extérieur de nous mais des reflets de notre propre sagesse. Les invoquer, c'est se tourner vers les vertus que nous voulons cultiver.

À ces grands personnages, nous avons joint les huit joyaux bénéfiques. Ces symboles sont présents dans tous les monastères tibétains. On les trace parfois à la poudre blanche ou colorée sur le sol, pour recevoir un dignitaire et lui témoigner notre respect. On les emploie comme offrande matérielle ou mentale en de nombreuses occasions. Les représenter ou les évoquer est considéré comme un signe de bon augure. Et c'est avec le souhait qu'ils vous soient bénéfiques que nous avons décidé de vous les offrir.

Sakyamuni

Le Bouddha exécutant le geste où il prend la terre à témoin de son éveil.

༄། །ཐབས་མཁས་ཐུགས་རྗེས་ཤཱཀྱའི་རིགས་སུ་འཁྲུངས། །གཞན་གྱིས་མི་ཐུབ་
བདུད་ཀྱི་དཔུང་འཇོམས་པ། །གསེར་གྱི་ལྷུན་པོ་ལྟ་བུར་བརྗིད་པའི་སྐུ། །ཤཱཀྱའི་
རྒྱལ་པོའི་ཞབས་ལ་ཕྱག་འཚལ་ལོ།།

1

Lorsque vous doutez de vous, que vous n'avez pas confiance en vous, songez au fantastique potentiel d'être humain qui est le vôtre et qui ne demande qu'à croître. Alors vous serez heureux de découvrir ce trésor qui réside en vous : la joie est un pouvoir, cultivez-le.

2

L'essentiel pour être heureux est d'être satisfait de ce que vous êtes et de ce que vous avez dans le moment présent. Ce contentement intérieur changera le regard que vous portez sur les choses et votre esprit sera en paix.

3

Lorsqu'une personne vous a blessé, n'hésitez pas à lui pardonner. Car si vous réfléchissez à ce qui a motivé son acte, vous comprendrez que c'est la souffrance qu'elle supporte et non la volonté délibérée de vous faire du mal ou de vous nuire. Pardonner est une démarche active basée sur la réflexion et non sur l'oubli. Pardonner est un acte responsable qui s'appuie sur la connaissance et l'acceptation de la réalité des circonstances rencontrées.

4

Donner aux autres, sans rien en attendre en retour et non de manière inconsidérée pour se faire plaisir ou aimer, est l'action qui rend le plus heureux. L'éthique repose sur le désir d'aider les autres. La seule chose qui peut rassembler les êtres sensibles est l'Amour.

Tara

Tara est la protectrice suprême
qui nous préserve de tous les dangers.

5

Remerciez vos ennemis, ils sont vos plus grands maîtres. Ils vous apprennent à faire face à la souffrance et à développer la patience, la tolérance, la compassion, sans rien attendre en retour.

6

Les plus beaux ornements que vous possédez sont ceux de l'amour et de la compassion. Si vous réfléchissez aux conditions qui vous permettent d'être heureux et de réaliser un état de bien-être, vous constaterez qu'elles sont intimement liées aux qualités humaines que vous faites croître en vous et à la manière dont fonctionne votre esprit.

L'ombrelle

L'ombrelle, qui nous préserve des rayons du soleil,
évoque la capacité de la sagesse
à nous protéger du malheur.

7

Il ne peut y avoir de désarmement extérieur sans désarmement intérieur. La violence engendre la violence. Seule la paix de l'esprit procure une vie sereine et non conflictuelle. La démilitarisation mondiale est l'un de mes rêves les plus chers. Un rêve seulement…

8

La souffrance mentale et affective que vous ressentez est un guide infaillible qui vous indique si ce que ce que vous vivez est juste ou faux. Comprendre le sens de ce que nous vivons permet d'apaiser et de dépasser la souffrance éprouvée, ce qui suppose de transformer la manière dont fonctionne votre esprit.

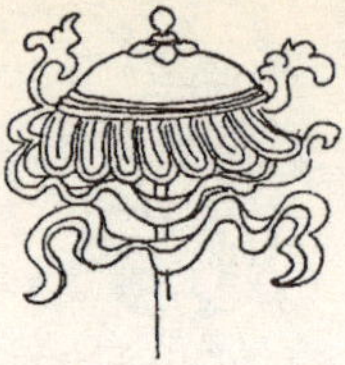

9

Réjouissez-vous du bonheur des autres, car ainsi chaque occasion devient un moment de joie pour vous. Réjouissez-vous lorsque vous êtes heureux, car aimer autrui ne peut se faire en oubliant de s'aimer soi-même et vous aide à développer confiance et foi. La manière dont vous expérimentez les circonstances de votre existence détermine la façon, neutre, heureuse ou malheureuse, dont vous ressentez ce que vous vivez.

10

L'amour et la compassion chassent la peur de vivre car lorsque ces deux qualités de l'esprit se développent en nous, la confiance intérieure surgit et la peur disparaît. C'est notre esprit qui crée le monde dans lequel nous vivons.

11

Apprendre à discipliner son esprit permet de vivre en paix avec soi et avec les autres et de développer le contentement intérieur, quelles que soient les circonstances rencontrées. Rien ni personne ne peut rendre malheureux un homme dont l'esprit est clair et libre des émotions conflictuelles.

Padmasambhava

Considéré par les Tibétains comme
le second Bouddha, Padmasambhava
est le principal introducteur,
tout aussi bien historique que mythique,
du bouddhisme au Tibet.

༄༅། །ངོ་མཚར་སངས་རྒྱས་པདྨ་སྐྱེས། །སྐྱེ་འཆི་མི་མངའ་རྡོ་རྗེའི་སྐུ། །
དུས་གསུམ་རྒྱལ་ཀུན་ཕྲིན་ལས་མཛད། །པདྨ་འབྱུང་གནས་ལ་ཕྱག་འཚལ། །

12

Nous ne pouvons être heureux si nous préférons nos illusions à la réalité. La réalité n'est ni bonne, ni mauvaise. Les choses sont telles qu'elles sont et non telles que nous préférerions qu'elles soient. Le comprendre et l'accepter est l'une des clés du bonheur.

13

Le bouddhisme enseigne que l'instant qui précède la mort est essentiel, car il est l'ultime préparation possible à l'existence dans les bardos – le monde intermédiaire entre la mort et la renaissance – qui suit le dernier souffle. Vivre cet instant dans la paix de l'esprit se prépare durant toute la vie pour les pratiquants, qui se concentrent alors soit sur un sentiment de bonté profonde, soit sur la relation du maître et du disciple, soit sur la vacuité et l'impermanence, afin de renaître dans de bonnes conditions. Le moment qui précède la mort est très important car c'est à cet instant que nous tenons entre nos mains les rênes de notre prochaine destination.

Savoir que la mort peut survenir à tout moment nous apprend à vivre pleinement chaque instant et à mourir en paix.

Yeshé Tsogyal

Yeshé Tsogyal est la manifestation
de la perfection de la sagesse.

༄༅། །རྒྱལ་ཡུམ་རྡོ་རྗེ་རྣལ་འབྱོར་མ། །སྣ་ཚོགས་ཡུམ་གྱུར་ཤེར་ཕྱིན་མ། །
དགྱེས་ཆགས་བཞད་པ་པདྨ་རི་ལྷུམ། །ཡེ་ཤེས་མཚོ་རྒྱལ་ལ་ཕྱག་འཚལ། །

14

La colère, la haine, l'aversion ont besoin d'un objet pour se manifester tout comme le feu a besoin de bois pour brûler. Lorsque vous rencontrez des conditions adverses, des êtres qui vous provoquent ou qui tentent de vous nuire, utilisez la force de la patience pour ne pas vous laisser entraîner par des émotions « négatives ». La patience est une force qui résulte de votre capacité à rester ferme et inébranlable, quelles que soient les circonstances. Si vous avez recours à elle, rien ni personne ne pourra troubler la paix de votre esprit.

15

Ordonnons nos vies en fonction de ce qui présente une valeur authentique et qui donne sens à nos existences et non selon les plaisirs et mondanités qui nous poussent à vivre à l'extérieur de notre être. Ordonnons nos vies en songeant que notre plus grande tâche est de servir les autres.

La bannière

La bannière rappelle le triomphe
de la connaissance sur l'ignorance.

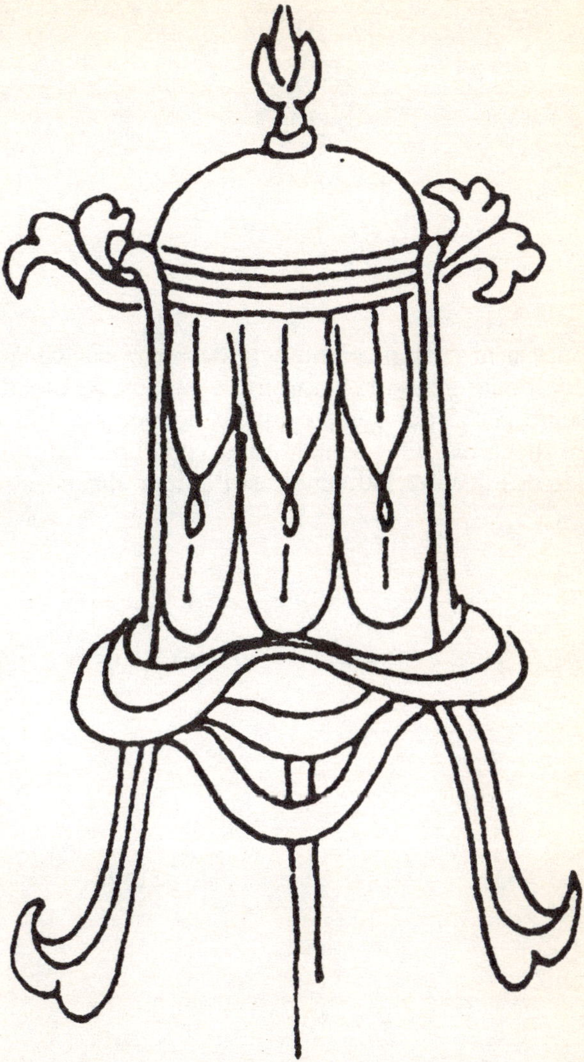

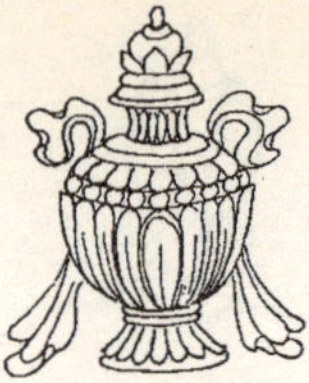

16

Il n'y a ni petit ni grand acte de bonté car chaque acte de bonté participe à construire la paix du monde. La seule chose qui compte est de donner à autrui et d'être heureux du bonheur ainsi procuré. La plus grande des qualités humaines est l'amour altruiste.

17

Ne perdez pas de temps en jalousie ou en querelles diverses. Méditez sur l'impermanence afin de réaliser la valeur de la vie. Réaliser la paix de l'esprit et du cœur suppose de changer ses habitudes mentales. Sous peine de devenir fou lorsque vous quitterez ce monde, apprenez à ne pas vous attacher aux choses comme si vous pouviez les emporter au moment de la mort.

18

Ne négligez pas votre corps, ne lui prêtez pas non plus une attention trop grande mais respectez-le et prenez-en soin comme un outil précieux, indispensable à votre esprit pour atteindre l'éveil.

19

Les actes que vous accomplissez sont le reflet de vos pensées et de vos sentiments. Ils ne sont en eux-mêmes ni positifs ni négatifs, mais dépendent de l'intention qui les sous-tend. C'est cette intention qui détermine votre karma, la loi de causes à effets qui fait que votre vie vous semblera heureuse ou malheureuse.

20

Apprendre à donner commence par renoncer à meurtrir les autres. Ce faisant vous renoncez aussi à vous nuire, car faire du mal aux autres, c'est se blesser d'abord soi-même.

21

Il est impossible de retenir le présent. Rien ne dure en ce monde, rien n'a d'existence en soi. Alors, pourquoi vouloir saisir et posséder les objets des sens dont vous faites l'expérience au présent ? Ils n'ont pas de réalité en eux-mêmes. Ils ne sont que le résultat d'une infinité de causes et de conditions. Ils ne sont pas destinés à durer puisqu'ils se transforment à chaque instant. Aussi, ne saisissez pas.

22

Le désir non maîtrisé tient l'esprit de l'homme en esclavage et jamais ne le laisse en repos, tant sa quête du plaisir le conduit à multiplier les situations qui lui permettront d'acquérir les objets qu'il convoite au quotidien. Le désir maîtrisé et dompté rend l'homme libre des circonstances rencontrées, que celles-ci soient heureuses ou malheureuses, et cela lui procure la paix du cœur et de l'esprit.

Vajradhara

Le Bouddha de la vigilance pure,
quintessence de la félicité.

༄༅། །མི་འགྱུར་ཀུན་འགྲོ་ཡེ་ཤེས་བདག །བདེ་ཆེན་ཆོས་ཉིད་མི་གཡོ་བ། །
ཟླ་མེད་ཡིད་བཞིན་རིན་ཆེན་གཏེར། །རྡོ་རྗེ་འཆང་ཆེན་ལ་ཕྱག་འཚལ། །

23

Cultiver la patience apprend à développer la compassion envers ceux qui nous blessent sans accepter pour autant qu'ils nous détruisent. La compassion est le meilleur thérapeute de l'esprit. Elle le libère de toutes attaches et de la saisie des émotions conflictuelles.

24

Sans cesse, nous créons notre propre malheur du fait de notre ignorance et de notre manque de discernement. Notre esprit est tiraillé entre ce que nous aimons et ce que nous rejetons. Nous agissons comme si nous pouvions refuser les circonstances qui se présentent à nous. Nous oublions que rien ne dure et n'a d'existence en soi. Nous oublions que nous pouvons mourir à tout instant.

Shri Singha

Un des grands maîtres des enseignements les plus ésotériques de la Grande Perfection.

༄༅། །མཁྱེན་བརྩེ་བརྩོན་པའི་ནམ་མཁར་ལ། །ཡེ་ཤེས་ཉི་མའི་འོད་གསལ་བས། །ཕྱོགས་བཅུ་ཡི་མུན་པ་སེལ་མཛད་པ། །ཀླུ་ཡི་རྒྱ་ལ་ཕྱག་འཚལ། །

25

L'attachement aux objets des sens rend l'esprit avide et malade. Posséder beaucoup de biens ne tranquillise pas pour autant l'esprit. Songez à tous ceux dont le confort matériel est assuré jusqu'à la fin de leur vie et qui vivent dans la dépression, l'angoisse, l'insatisfaction, fermés sur eux-mêmes. Ils ne savent pas que donner procure une grande joie. Ils ne savent pas qu'il n'est pas utile de posséder de grandes richesses pour offrir un sourire et rendre ainsi les autres heureux. Leurs conditions matérielles sont satisfaisantes, mais ne leur apportent pas le bonheur, car la seule chose qui puisse améliorer les conditions de notre vie intérieure, quels que soient les moyens dont nous disposons, est le travail sur l'esprit.

26

Puissé-je participer, à chaque instant de mon existence, à libérer les êtres de la souffrance et de ses causes et les aider à trouver le bonheur et ses causes. Puissé-je me souvenir qu'éprouver de la compassion pour les êtres commence par éprouver de la compassion pour soi-même et n'a rien d'égoïste, puisque nous sommes inclus dans tous les êtres.

27

La conviction obtenue grâce à la méditation analytique permet de transformer notre esprit. Cette transformation demande qu'on lui consacre du temps et de procéder de manière quasi scientifique. L'observation des émotions qui nous bouleversent et qui nous agissent sont le matériau sur lequel nous devons nous appuyer pour déterminer les antidotes les plus appropriés au but recherché, à savoir se libérer de l'emprise des émotions perturbatrices afin d'atteindre l'éveil. Souvenez-vous que deux dispositions contraires ne peuvent coexister en même temps dans votre esprit. Ainsi, si vous êtes par exemple en colère contre quelqu'un, pensez à développer en vous un sentiment d'amour envers cette personne. Si vous le faites naître en vous, il chassera la colère loin de votre esprit. L'amour est l'antidote de la colère.

28

Tout est impermanent, c'est pourquoi nous avons la possibilité de transformer notre esprit et les émotions perturbatrices qui l'animent. La haine ou la colère par exemple apparaissent en fonction des circonstances. Elles n'ont donc pas de réalité par elles-mêmes, elles n'existent pas de manière permanente dans l'esprit et c'est pourquoi il est possible de les dompter, de les transformer et de les éliminer. Pour nous y aider, il importe de les resituer dans leur contexte, d'analyser les circonstances qui les ont amenées à se manifester, d'en comprendre le sens. Réaliser un état de bonheur durable suppose de purifier son esprit de toute émotion négative.

29

La souffrance n'est ni absurde ni inutile mais le résultat du karma, la loi de causalité qui régit le cycle des existences. Il est difficile de le comprendre sans croire dans le phénomène des renaissances. Les pensées et actions commises au cours de nos vies successives engendrent des conséquences positives ou négatives selon les motivations qui les ont produites. Ce principe se vérifie aussi en ce qui concerne les peuples et les pays. Ce qui est arrivé à mon peuple et au Tibet est le résultat du karma. Ce qui n'empêche en rien de faire en sorte que les droits de l'homme au Tibet soient respectés, ainsi que la culture millénaire, la philosophie et la religion qui caractérisent notre civilisation. Il ne faut pas confondre karma et fatalité, mais tirer les leçons de ce que nous vivons afin d'agir de manière positive et responsable.

Les deux poissons

Libres dans l'eau et se reproduisant rapidement,
les deux poissons symbolisent
la prospérité et le bonheur.

30

Comment développer la paix dans le monde si nous ne nous efforçons pas de respecter la nature ? Nous sommes tous unis, humains et animaux, par le désir commun et universel de ne pas souffrir et de rencontrer des conditions de vie qui procurent bien-être et paix. Il importe de s'en souvenir car ce souhait d'échapper à la souffrance est un droit fondamental pour tous les êtres sensibles. Pour promouvoir cela, faisons l'effort de nous améliorer afin de servir d'exemple à autrui.

31

La pratique de la compassion est le cœur de la voie bouddhiste. Développer cette qualité est essentiel car elle nous permet d'agir, avec justesse, pour le bien d'autrui et participe à faire en sorte que nous ne créions pas de nouvelles sources de souffrances pour soi et pour les autres et donc du « mauvais » karma. La compassion est un sentiment profond qui s'exprime à l'égard de ceux qui souffrent, sans distinction. Elle naît du désir profond d'aider les autres. Dans le bouddhisme, pour renouveler la force de ce souhait, nous répétons, chaque jour, ce vœu : « Puissé-je aider tous les êtres sensibles à se libérer de la souffrance et de ses causes et à obtenir les causes et conditions qui les aideront à réaliser l'éveil. »

Vajrasattva

Le Bouddha de la pureté fondamentale.

༄། །འོད་གསལ་ཡེ་ཤེས་སྒྱུ་མའི་ལྷ། །མཚན་རྫོགས་དཔེ་བྱད་དཔལ་འབར་ཞིང་། །
སྐུ་གསུམ་ལྷུན་གྲུབ་རྫོགས་སངས་རྒྱས། །རྡོ་རྗེ་སེམས་དཔའ་ལ་ཕྱག་འཚལ། །

32

Nous voulons tous être heureux, personne ne veut souffrir, il est important de le comprendre si nous souhaitons transformer notre esprit. Lorsque nous prenons conscience de cette réalité, une grande tendresse et un infini amour pour le prochain se manifestent alors spontanément dans notre esprit. Mais tout cela n'est possible que si nous sommes également capables d'éprouver de l'amour et du respect envers nous-mêmes. Il est vain de croire que nous pouvons aimer les autres si nous nous détestons et que nous refusons ce que nous sommes.

33

Le principe dit de l'interdépendance des êtres et des phénomènes enseigne que nous sommes tout le temps reliés aux autres, à la nature et au cosmos. Nous sommes interdépendants, ce qui explique que nous soyons responsables de ce que nous pensons, vivons, du moindre de nos actes, car ils influencent le reste de l'univers. De plus, du fait de cette interaction constante entre tout ce qui existe, nous avons le devoir d'aider tous les êtres sensibles à se libérer de la souffrance et à trouver les causes du bonheur. Aider tous les êtres signifie que nous devons aussi agir sur les causes des souffrances qui nous concernent directement. C'est cela l'interdépendance bien comprise.

34

C'est à chacun, qu'il soit aidé ou non par son maître, de déterminer la forme de pratique qui lui convient le mieux, la plus adaptée à ses besoins spécifiques. Ce critère est essentiel pour parvenir à la transformation intérieure, à la paix de l'esprit et au développement des qualités positives, qui feront de lui un bon être humain. Par conséquent, il est capital que les maîtres religieux enseignent selon l'inclination spirituelle et la disposition mentale de chacun, comme le fit le Bouddha Sakyamuni, en son temps. De même que vous ne vous nourrissez pas de la même façon que votre voisin – chacun mange en fonction de sa propre constitution physique –, il en est de même en ce qui concerne les nourritures spirituelles.

35

Notre bonheur dépend du bonheur d'autrui, c'est pourquoi il est important d'essayer de tout faire pour rendre les autres heureux. Parfois nous avons le sentiment d'être impuissant à y parvenir ou à leur venir en aide, mais il importe de ne pas se décourager et de continuer à agir de façon positive, car nous développons ainsi, en nous, la capacité à engendrer un amour altruiste authentique qui conduit à réaliser la paix de l'esprit.

Vimalamitra

Un des sages indiens qui vint au Tibet
transmettre les enseignements
de la Grande Perfection.

༄༅། །མཁྱེན་བརྩེའི་འོད་སྟོང་ཟླ་མེད་ཀྱིས། །གསུང་རབ་པདྨོའི་ཚལ་འབྱེད་ཅིང་། །
འགྲོ་བའི་མ་རིག་མུན་པ་སེལ། །ཞི་མ་མི་ཏྲ་ལ་ཕྱག་འཚལ། །

36

Si aider les autres vous semble difficile, agissez comme des égoïstes intelligents en vous souvenant que faire du bien aux autres engendrera de meilleures relations avec autrui et participera à mettre en place des conditions favorables pour vous, qui vous rendront serein et heureux.

37

Les différentes méthodes pour générer la compassion doivent être développées en même temps que la connaissance et la sagesse afin d'agir de manière juste et adaptée. La connaissance et la sagesse sont indispensables pour comprendre la vraie nature des choses, ce qu'est la nature fondamentale de l'esprit. Une appréciation correcte de ce que vous ressentez ou de ce que vous vivez ne peut se faire que si vous observez un objet ou une situation sous différents angles afin de trouver une réponse adaptée et pleine de discernement qui permettra de surmonter toute réaction et émotion négative.

38

Il est important, pour réaliser l'éveil, d'avoir une perception juste de la réalité. Dans le bouddhisme, nous faisons appel à deux notions pour appréhender plus facilement cette réalité, il s'agit de ce que nous nommons les deux vérités, la vérité relative et la vérité absolue. La vérité relative est ce que nous percevons notamment avec nos sens. La vérité absolue est indescriptible car elle se situe au-delà des concepts. Ces deux vérités sont complémentaires, indissociables et indispensables l'une à l'autre comme les deux ailes d'un oiseau sont nécessaires à son vol, selon les enseignements. La réalité est la prise en compte de ces deux vérités.

39

Nous percevons en général la nature des choses de manière erronée. La différence entre ce qui est réellement et ce que nous percevons est source de souffrance. Si nous transformons notre esprit, nous apprenons à voir la réalité telle quelle, sans l'interpréter, dans le moment présent. Nous ne l'appréhendons plus en fonction de nos projections. C'est une condition fondamentale pour développer la paix de l'esprit.

40

Face à la souffrance des autres, il arrive que nous éprouvions de la détresse et que nous soyons submergés par cette souffrance, ce qui ne fait qu'ajouter à nos propres difficultés. Ressentir les choses ainsi n'est en aucun cas faire l'expérience de la compassion. Lorsque la compassion est authentique, au lieu d'éprouver ce malaise, cette détresse, un courage immense monte en nous. Le souhait de tout faire pour soulager la souffrance des autres devient aussitôt plus important que nos propres souffrances. Agir par compassion procure une joie infinie.

Vairochana

Vairochana tient dans ses mains la roue,
symbole de l'enseignement grâce auquel
il purifie la conscience dualiste.

41

Les objets composés sont voués à disparaître, ils sont impermanents, momentanés et provisoires. Il en est de même de notre corps, mais nous l'oublions trop souvent car nous y sommes attachés. Prendre conscience de cette réalité provoque, chez certaines personnes, de grandes souffrances. Appréhender ce qu'est la nature véritable des choses permet d'accepter le fait que rien n'existe en soi et aide à comprendre que la nature de la souffrance est, elle aussi, éphémère, transitoire et n'a pas d'existence en soi. Ce qui est très encourageant lorsque nous rencontrons des situations de vie difficiles et éprouvantes ou que nous subissons certaines épreuves.

42

Certains désirs ou aspirations sont acceptables sur une voie spirituelle. Par exemple, un pratiquant du Dharma souhaitera apprendre à maîtriser son esprit. Quelqu'un qui croit en Dieu aura le désir de Lui plaire. Ces désirs sont légitimes. En revanche, les désirs qui se portent sur des objets extérieurs et qui conduisent notre esprit à générer de l'attachement ou des émotions négatives ne le sont en aucun cas. Il importe de mettre des limites à ce type de convoitise ou de dépendance. Il est illusoire de croire que le monde extérieur pourra un jour combler nos désirs.

La conque

La conque est le symbole de la gloire
de l'enseignement du Bouddha
qui se répand dans toutes les directions
comme le fait le son d'une trompe.
La conque est en effet souvent utilisée
comme un instrument de musique.

43

Les Tibétains sont attentifs à ce que, dès la conception de l'enfant et pendant toute la durée de la gestation, la mère demeure calme, heureuse et en paix afin que son enfant se développe harmonieusement. En Occident, de plus en plus de personnes prônent ce type d'attitudes et savent qu'une mère anxieuse, en colère, avide, jalouse, fait subir de mauvaises influences au fœtus. Nous recommandons aussi, quand c'est possible, que la mère allaite son enfant, car le lait symbolise l'affection humaine. L'essentiel est la tendresse qui relie la mère à son enfant. La recherche médicale a prouvé que la tendresse physique à l'égard d'un bébé joue un grand rôle dans le développement du cerveau.

44

Travailler sur l'esprit peut parfois sembler difficile aux Occidentaux dans le contexte de leur vie moderne et active. Ce qui compte est la force de la détermination, car elle engendre un immense courage pour se mettre à l'ouvrage sans tarder, quelles que soient les circonstances rencontrées. Ainsi, si on le veut vraiment, il est tout à fait possible de transformer son esprit tout en demeurant impliqué dans le travail, la vie de famille, les activités et les tâches quotidiennes.

45

Changer notre esprit, développer des qualités d'amour et de compassion, nous transformer, dépend principalement de la force de notre détermination. Pour la renforcer et la susciter, il est nécessaire de tourner notre propre regard vers l'intérieur, de nous examiner attentivement, de cultiver notre souhait de transformation et d'étudier. À l'aide de l'intelligence, nous renforçons ainsi cette disposition positive et la sagesse croîtra de pair. Cette démarche repose, du moins au début de la voie, sur la sagesse et la raison.

46

Le quotidien dans le monde du travail accapare beaucoup mais cela n'empêche pas, en général, les gens de se divertir, de se promener, de partir en week-end et en vacances. Si vous avez vraiment le désir de vous transformer, vous trouverez toujours du temps pour le faire. Il suffit de le souhaiter profondément.

47

Au début, lorsque l'on commence à suivre ce chemin d'évolution spirituelle, cela peut paraître difficile. Puis, l'on acquiert de l'expérience et peu à peu notre désir et notre détermination à poursuivre cette voie se renforcent. Ils deviennent plus constants, plus fermes, ce qui nous aide à transformer notre esprit en toutes circonstances, que ce soit à notre travail, dans notre famille ou lors de nos diverses activités quotidiennes. Dès lors que nous devenons vigilants, nous devenons plus présents. Cette manière de faire se reflète dans nos activités et nos comportements vis-à-vis des autres.

Pratiquer le Dharma c'est travailler, à chaque instant, à s'améliorer en utilisant son temps à bon escient.

Jamgon Mipham

Un des membres de la renaissance
du bouddhisme au XIXe siècle
qui a cherché à surmonter tout sectarisme.

༄༅། །སོ་སོར་ཡང་དག་རིག་པ་བཞི་ཡི། །ཀ་ཏེར་སྨྲ་ཚོས་ཀྱི་རྒྱལ་སྲིད་འཛིན། །

ཕྱོགས་ལས་རྣམ་རྒྱལ་བ་སྟེད། །ཁ་ཇམ་མ་པོ་ཆེ་མེད་པ་ལས་སྒྲུབ་གཙོ་ལ། །

48

Si vous enviez un collègue qui réussit mieux que vous, ou si vous jalousez quelqu'un qui a obtenu un objet de valeur, transformez votre esprit en trouvant l'antidote qui sera le contraire de cette émotion négative. Ici, il conviendra d'apprendre à se réjouir, à être heureux du bonheur que ressent cette personne.

49

Il n'y a pas de limites à nos désirs lorsque nos souhaits concernent la connaissance de l'esprit et la possibilité de développer nos qualités humaines. Nous pouvons désirer cela de façon illimitée, sans jamais nous satisfaire des transformations réalisées.

Car comment développerait-on jamais assez la compassion, l'amour et la tolérance ?

Cette aspiration à développer ces qualités intérieures doit être profonde, libre, sans limites.

Akshobhya

Akshobhya tient un vajra,
le sceptre symbole d'indestructibilité.
Il est l'inébranlable.
Rien ne peut entraver sa sérénité.

50

Nous devons être vigilants vis-à-vis de la nature de notre motivation. Si celle-ci est bienveillante, elle induira des actions du corps, de la parole et de l'esprit de même nature. Changer ses habitudes mentales est fondamental pour parvenir à transformer notre esprit et les actions qui en découlent. Il est, par exemple, essentiel d'éviter de faire du tort à autrui, d'être attentif à ne pas ressentir d'orgueil, de jalousie, de ne pas être constamment préoccupé par nos gains et nos pertes ; car lorsque ces émotions négatives ne nous envahissent plus, notre attitude change, nous devenons plus altruistes et notre comportement social devient alors bénéfique aux autres.

51

Chaque être a une nature et des dispositions différentes, c'est pourquoi il est difficile de dire ce qui peut être le plus utile pour tous. Cependant, il m'est possible de recommander à tous les êtres de cultiver l'esprit d'éveil, la pensée altruiste, de se parfaire pour aider les autres et de méditer sur l'impermanence sous toutes ses formes.

L'impermanence « grossière », évidente, qui se manifeste dans les aspects matériels de l'existence ; l'impermanence « subtile », qui se produit à chaque instant en nous, autour de nous, dans notre esprit. Méditer sur l'impermanence permet de comprendre la nature véritable de la souffrance, ce qui aide à ne plus subir les conditions et causes qui génèrent des effets négatifs dans nos vies et à développer la paix de l'esprit.

52

Nous accordons une grande importance au passé et au futur. Nous vivons comme s'ils étaient là en permanence, et nous oublions de vivre le moment présent. Pourtant, l'essentiel est de vivre dans l'instant présent car c'est le seul moment où nous pouvons vraiment agir pour transformer notre esprit en développant des émotions positives qui nous permettront d'aider les autres.

53

La méditation, la réflexion nous aident à mieux appréhender le présent, à le vivre plus sereinement et à être moins obsédés par les choses qui nous plaisent ou nous déplaisent en nous projetant dans le passé ou le futur. Lorsque nous rencontrons un problème, il importe d'apprécier l'événement à sa juste valeur. S'il y a une solution, il convient de l'appliquer tout de suite. Et, s'il n'y a pas de solution, s'inquiéter ne sert à rien, si ce n'est à renforcer notre mal-être. Alors, pourquoi s'en faire ?

Si nous analysons les causes et conditions qui ont conduit à cette situation, nous verrons qu'elles existent en nombre incalculable. Développer une vision plus globale de ce que nous vivons permet de ne pas attribuer notre malheur ou notre bonheur à une cause ou à un être unique, ce qui permet de mieux analyser ce qui nous arrive et de devenir moins dépendant des conditions extérieures.

54

Les pensées et les émotions négatives cachent la vraie nature de notre esprit, sa nature lumineuse. Elles sont trop nombreuses et nous entraînent là où elles le souhaitent si nous ne les maîtrisons pas. Que nous soyons bouddhistes ou pas, nous pouvons réfléchir et nous demander si nous pouvons vraiment dire : « Il y a un "moi" qui pense "je". »

De même, existe-t-il vraiment un « je » et un « ego » quelque part ? Grâce à la pratique ou à la réflexion, nous pouvons également apprendre à différencier la personne qui fait l'expérience d'une émotion (par exemple, la jalousie, la colère, la haine) de l'émotion elle-même qui la submerge. Peu à peu, il devient donc plus simple d'identifier ce qui se passe en nous et de dissocier notre esprit de ce qui l'anime, ce qui aide à le maîtriser.

55

Lorsque nous sommes tendus, anxieux, et que nous ne parvenons pas à nous contrôler, si nous regardons et observons ce « moi » anxieux qui nous domine, si nous cherchons à savoir quelle est sa nature véritable, cette introspection peut nous aider à soulager cette angoisse.

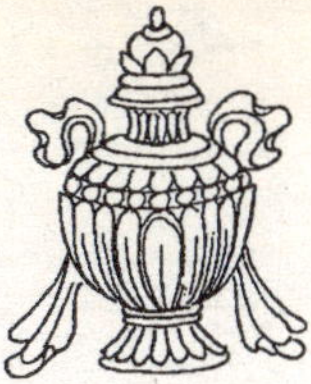

56

Comprendre ce qu'est la relation d'interdépendance des êtres et des phénomènes aide à développer la non-violence et la paix, à la fois dans le monde et chez les êtres. L'interdépendance est l'un des principes fondamentaux de l'enseignement bouddhiste. Toute chose, tout être n'existe qu'en interdépendance avec les autres et le reste du monde. Rien n'existe en soi, mais tout dépend d'une série de causes et de conditions elles-mêmes interdépendantes.

La fleur de lotus

Bien que naissant dans la boue, la fleur de lotus s'élève couramment à vingt ou trente centimètres au-dessus de l'eau. Elle est, pour cette raison, le symbole de la pureté que rien n'altère.

57

Les phénomènes changent en permanence du fait de l'interdépendance des êtres et des phénomènes. Nous changeons constamment du fait de causes et de conditions interdépendantes. On a trop souvent tendance à attribuer la responsabilité d'un événement, bon ou mauvais, à une unique cause principale.

On se mobilise alors de toutes nos forces pour obtenir ou pour détruire cette cause selon que nous la trouvons bienfaisante ou malfaisante.

Ce type d'attitude montre que nous ne sommes pas conscients de ce qu'est le principe d'interdépendance des êtres et des phénomènes.

58

Ce n'est jamais une cause ou une personne unique qui est à l'origine de notre bonheur ou de notre malheur. Pour le concevoir, il importe d'avoir une vision globale, holistique, des choses, d'élargir notre compréhension de la réalité. Et ce afin de voir que ce que nous vivons est le résultat d'une infinité de causes et de conditions interdépendantes.

Dès lors, il devient inutile, par exemple, de blâmer une personne comme si, à elle seule, elle détenait le pouvoir de provoquer une situation douloureuse pour nous. C'est pourquoi il importe de changer le type de comportement qui nous fait dire « c'est la faute de l'autre », ou encore « c'est la faute des circonstances ».

Cette manière d'appréhender la réalité est erronée. Nous sommes responsables de ce qui arrive, que cela soit bon ou mauvais, dans nos vies. C'est la loi du karma, la loi de causes à effets, qui s'applique pour tous de manière identique. Le comprendre et l'accepter aide à développer la paix de l'esprit.

Ratnasambhava

Ratnasambhava est le Bouddha de la générosité.
Il tient dans sa main un joyau
qui accomplit tous les vœux.

59

On dit de quelqu'un à l'esprit étroit qu'il manque de sagesse. S'il a une vision plus large, on dira de lui que c'est un sage. C'est la compréhension de l'interdépendance associée à la sagesse et à la connaissance qui élargit notre esprit et nous aide à prendre du recul vis-à-vis de ce que nous vivons, de manière consciente.

60

Parler de l'interdépendance, comprendre ce qu'est ce principe, c'est décrire la vraie nature des choses et voir comment fonctionne la réalité. Cela conduit à modifier notre façon de percevoir le monde et à changer nos habitudes et comportements.

Ainsi, lorsque nous vivons une situation douloureuse, pourquoi sombrer dans la détresse en pensant que c'est injuste ? Songez plutôt à toutes les personnes qui traversent ce type de difficulté et vous développerez alors une vision plus vaste des choses.

Offrez votre attachement à la souffrance ressentie en vue d'aider tous ceux qui éprouvent ce même type de souffrance à s'en libérer. Bien que cela semble difficile à réaliser au début, cela oblige à devenir moins égoïste, et peu à peu on constate que l'on éprouve une réelle paix de l'esprit.

Ce type de pratique peut aussi être accompli lorsque nous éprouvons un grand bonheur. Nous l'offrons alors pour le bien de tous les êtres.

Le cinquième Dalaï-lama

Mêlant sa vie durant, avec une subtilité rare, la politique, la spiritualité, l'art et la connaissance du genre humain, le Grand Cinquième fut l'un des grands chefs de son pays.

61

La sagesse permet de concevoir ce qu'est l'interdépendance. La connaissance nous aide, quant à elle, à appréhender ce qu'est la nature réelle des choses. En gardant cela à l'esprit, en développant la compassion et l'amour altruiste, il devient évident qu'éprouver amour et compassion envers autrui fait du bien non seulement aux autres, mais aussi à nous-mêmes et que, à l'inverse, si nous nuisons aux autres, nous nous nuisons à nous-mêmes.

Dans le premier cas, il y a deux gagnants. Dans le second, deux perdants.

62

La compréhension de l'interdépendance est très utile pour comprendre le terrorisme et le fanatisme. On pense que se débarrasser d'eux résoudra le problème. Il est certes impossible d'ignorer la gravité des faits perpétrés par des extrémistes et ce serait une erreur de le faire. Mais il nous faut comprendre que ces actions naissent d'un grand nombre de causes et de conditions. Un nombre impressionnant de raisons participent à la formation de ce type d'attitude. Certaines personnes très attachées à leur tradition religieuse ont souvent des points de vue fermés, qui masquent la réalité et déterminent leur attitude.

Une vision plus large et plus lucide des choses, tant sur le court que sur le long terme, les rassurerait et les réconforterait, ce qui aurait pour conséquence de les aider à adopter d'autres manières de se comporter.

63

Il est important d'établir une discipline personnelle, dans le but de nous transformer intérieurement. Cette discipline ne doit, en aucun cas, être imposée de l'extérieur, mais naître de notre compréhension des choses et de la conscience des bienfaits que nous en retirerons si nous choisissons de la mettre en application.

64

Pour nous perfectionner dans un métier ou pour acquérir des connaissances, nous sommes prêts à passer du temps, à étudier, à travailler. Nous réfléchissons à ce qui est prioritaire, à ce qui compte le plus pour nous et, dès lors, nous faisons l'effort nécessaire afin de réaliser ce but ou cette aspiration. De même, dans la vie spirituelle c'est cela, choisir de suivre une discipline personnelle.

65

Nous sommes tous des êtres humains, nous avons les mêmes aspirations. Je suis comme vous. Lorsque je rencontre certaines difficultés, j'essaie moi aussi de regarder à l'intérieur de mon esprit, d'analyser ce qui se passe, afin de retrouver une certaine sérénité. C'est une chose positive que nous pouvons tous faire.

Nous vivons dans des pays où les conditions matérielles, la technologie, le confort sont maintenant très développés ; mais nous ne devons pas placer nos espoirs de bonheur uniquement en dehors de nous.

Le bien-être, la sérénité, la paix se développent dans notre esprit. Il est indispensable de rechercher les conditions intérieures qui les favorisent.

66

Nous devons chercher à réaliser notre bien-être sur le long terme. Il est aisé de dissiper momentanément nos soucis. Par exemple, en buvant une bière fraîche et en devenant gai à force d'absorber trop d'alcool. Mais cette gaieté sera passagère, illusoire, et les soucis resteront.

Pour construire un bien-être qui demeure avec constance, il faut transformer la façon dont fonctionne notre esprit. C'est ce conseil que je donne à tous mes amis.

67

Il n'est pas nécessaire d'adopter une religion pour transformer son esprit. Que l'on soit croyant ou non, ce processus est possible pour tous les êtres humains. Une tradition spirituelle peut nous fournir les moyens d'atteindre ce but, mais elle n'est pas une voie indispensable.

C'est pour cette raison précise que je parle très souvent d'une « éthique séculière », qui peut s'appliquer à tous les êtres, qu'ils soient croyants ou non.

Amitabha

Amitabha manifeste la lumière infinie de la compassion.

68

Tous les particularismes religieux ou culturels doivent être dépassés, afin que tous les êtres puissent se reconnaître dans une éthique laïque qui serait basée sur des principes humains universels.

Il s'agirait là d'une véritable révolution spirituelle, reposant sur des qualités humaines telles que la compassion, l'amour, la tolérance, le respect, le sens des responsabilités.

69

Faire le bien des êtres, ne pas leur faire du tort, ne pas leur nuire, est ce qui définit le fondement de l'éthique selon le bouddhisme. C'est la base d'un comportement non violent, de la compassion et de l'amour altruiste. Si le but ultime est effectivement de faire le plus de bien possible aux autres, d'apporter un grand bienfait à autrui, il importe de faire tout ce que nous pouvons, à chaque instant, pour développer cette capacité.

Le nœud de la vie infinie

L'entrelacement des lignes du nœud de la vie infinie
rappelle comment tous les phénomènes
sont interdépendants.

70

La discipline (*shila*) est l'un des facteurs qui contribuent à atteindre l'éveil avec la méditation (*samadhi*), la connaissance ou la sagesse (*prajna*). Ces différents éléments sont complémentaires.

L'absence d'éthique se traduit principalement par une manière d'être qui nuit à autrui. Nous conduisant de la sorte, nous faisons non seulement du mal aux autres, mais nous semons également les graines de notre propre souffrance. Nous devons être clairement conscients de cela afin de développer une discipline éthique basée sur la connaissance et la sagesse. L'aspect le plus élevé de l'éthique est de penser que le bonheur d'autrui compte plus que le nôtre.

71

Les émotions perturbatrices qui obscurcissent notre esprit l'empêchent de réfléchir aux conséquences de nos actes et nous incitent à nous comporter de manière négative envers autrui. Transformer notre esprit suppose de dissoudre entièrement les facteurs mentaux destructeurs qui demeurent en nous.

Pour nous y aider, nous pouvons méditer et réfléchir aux bienfaits que nous retirerions d'une éthique correcte et de l'abandon du souci égoïste que nous chérissons. Ainsi, en apprenant à diriger notre attention et nos pensées vers les autres de manière positive, nous accomplissons peu à peu le but ultime de l'éthique, qui est de faire le bien de tous les êtres. Mais tout cela ne peut se faire que si nous prenons appui sur la discipline qui nous aide à avoir un comportement droit, juste et sincère.

Rangjung Dorje

Le troisième Karmapa fut
l'un des principaux hiérarques du Tibet.
Il fut célèbre pour son grand esprit d'ouverture.

༄༅། །འཇིགརྟེནདབངཕྱུགཐབསམཁསཞིནསྲིདཔརབྱུང། །མདརྒྱུདསེམསཅནསྣསདགོངསཀྱི་རྟེར
ཧོམ ཀྱིཤེཞིགབསྟནཔཀྱམཆོདཨིམཐརཕྱིནསྤེལ། རངབྱུངརྡོརྗེའིཞབལཕྱགའཚལ། །

72

Nous sommes capables de développer de l'affection, de l'amour et de la compassion envers autrui si nous prenons conscience que nous possédons en nous une infinie faculté à éprouver de la tendresse. Nous pouvons tous expérimenter cette inclination envers les autres qui s'exprime de manière spontanée et naturelle entre une mère et son bébé. Sans elle, nous ne pourrions survivre lorsque nous naissons. C'est un sentiment inhérent aux êtres humains, c'est pourquoi nous détenons tous la possibilité de ressentir la tendresse.

73

Un aspect de l'éthique que nous négligeons trop souvent et qui, pourtant, est très important est la conduite que l'on doit aussi avoir envers soi-même. Nous ne devons ni nuire aux autres, ni nous nuire. Nous ne pouvons faire du bien aux autres si nous nous haïssons ! On doit se rendre compte que nous souhaitons tous profondément atteindre le bonheur et que cette aspiration est justifiée. Reconnaître cela et se donner les moyens d'être heureux permet de s'appuyer sur ce sentiment afin de l'agrandir et de l'éprouver à l'égard de tous.

Ainsi, lorsque nous faisons le vœu du bodhisattva qui consiste à souhaiter vouloir aider tous les êtres à atteindre l'éveil, nous devons commencer par faire ce souhait pour nous mêmes.

74

Il peut arriver que nous fassions du mal à autrui sans nous en rendre compte. Les répercussions karmiques que nous créons ne sont pas les mêmes que si nous commettons un acte négatif intentionnellement. C'est la motivation avec laquelle nous agissons qui détermine les répercussions karmiques que nos actes et nos pensées engendrent.

75

La motivation compte parfois plus au plan des conséquences karmiques que l'acte en lui-même. Par exemple, si nous avons l'intention de nuire à quelqu'un et qu'extérieurement, momentanément, nous préférons taire des paroles dures et blessantes, cela n'enlève en rien au fait qu'intérieurement nos pensées s'expriment avec violence contre cette personne. En réalité, nous éprouvons le désir de nuire et notre conduite est hypocrite. Il existe une contradiction ici entre notre pensée et nos actions. Ce qui compte vraiment du point de vue du bouddhisme, de l'éthique et du karma, c'est la motivation qui préside à ces pensées.

76

Le Bouddha a dit : « Nous sommes ce que nous pensons, avec nos pensées nous créons le monde. » Un comportement et une éthique justes vont donc influencer le monde de manière positive, ce qui ne veut pas dire que les choses ne sont que des projections de l'esprit.

La façon dont nous percevons le monde est une projection, une fabrication de notre esprit et est spécifique à chacun. Pour preuve le fait que deux personnes pourront penser, pour un même objet, soit qu'il est beau, soit qu'il est laid. Les enseignements disent que notre manière de percevoir le monde est le résultat de l'ensemble des karmas que nous avons accumulés pendant d'innombrables vies. On peut donc dire que le monde tel que nous le voyons, en tant qu'être humain, est un reflet des expériences karmiques qu'a traversées notre conscience au fil de nos innombrables vies.

Amogasiddhi

Amogasiddhi incarne la sagesse de l'action juste.
Il est mû par le seul souci d'aider les êtres.

77

Il faut avoir confiance en l'être humain. Il est profondément bon et compatissant puisqu'il possède, en potentiel, la nature de Bouddha. Ce constat n'empêche en rien d'être lucide et de voir les émotions conflictuelles qui peuvent l'habiter et le faire agir.

78

Le bon sens, l'expérience, l'observation, la médecine, reconnaissent qu'un esprit pacifié, non violent, permet de vivre de manière plus harmonieuse et en paix. L'animosité, la haine, l'obsession peuvent avoir d'importantes répercussions sur le corps et dégrader un état naturel de bonne santé. À l'inverse, une attitude sereine et détendue agira de manière positive sur l'évolution d'une maladie.

79

Notre bonheur et notre souffrance sont intimement liés au bonheur et à la souffrance de tous les êtres. Prendre conscience de cette interdépendance amène naturellement à développer un sentiment d'affection, d'ouverture et de tendresse à l'égard d'autrui. Nous pouvons tous en faire l'expérience, cela n'a rien à voir avec des positions théoriques prônées par des écoles philosophiques ou par des traditions religieuses.

80

Il est important d'observer ses pensées et ses émotions négatives afin de ne pas tomber en leur pouvoir dès que certains désirs ou perturbations surviennent dans notre esprit. Prendre conscience de leur existence permet d'éviter de commettre des actions dont les effets produiront un karma négatif. Si, par exemple, quelqu'un vous insulte, que vous réagissez immédiatement par de la colère, vous êtes « manipulé » par la colère que vous éprouvez et vous ne réfléchissez pas à la meilleure attitude qu'il conviendrait d'adopter en la circonstance. Vous n'êtes donc pas libre de vos agissements.

81

Avoir une discipline personnelle ne consiste pas à se dire : « Je ne dois pas faire ceci ou cela car ce n'est pas permis », mais implique plutôt de réfléchir aux conséquences de ses pensées et de ses actes sur le court, moyen et long termes afin de comprendre que certaines actions ne peuvent être commises car elles engendrent de la souffrance chez soi et chez autrui. Cette forme de discipline repose sur le raisonnement et l'analyse, elle est plus facile à appliquer qu'une discipline qui ne repose que sur la peur du gendarme.

Ainsi, la vraie discipline est basée sur la compréhension des conséquences ultimes de nos actes.

82

L'éthique est appelée à jouer un rôle de plus en plus important dans nos sociétés modernes. Contrairement à ce qui arrivait autrefois, les médias et le public sont vigilants vis-à-vis du fait que les personnalités publiques, hommes politiques, médecins, scientifiques, juges et autres se comportent de manière éthique. Si ce n'est pas le cas, le public et les médias dénoncent violemment leur conduite. Ce type de réaction amène ceux qui participent à la vie publique à essayer d'agir avec plus d'éthique et moins d'hypocrisie.

83

Le rôle des médias est important dans nos sociétés démocratiques, où nous jouissons de libertés. Les médias doivent essayer de véhiculer les grandes valeurs humaines en demeurant objectifs. Je dis souvent qu'ils doivent avoir une trompe d'éléphant qui va renifler partout afin de dénoncer les injustices et ce qui ne va pas dans la société. Mais tout cela devrait se faire sans oublier de mettre en avant, par ailleurs, des choses positives qui surviennent en ce monde. En général, lorsqu'une catastrophe se produit, cela devient une « nouvelle » et la tendance est d'en parler beaucoup. Les nouvelles tragiques ou déprimantes envahissent les médias de sorte que tout ce qui relève d'actions positives, altruistes, toutes les œuvres extrêmement bienfaisantes qui sont accomplies de par le monde au jour le jour sont moins considérées. Tout cela est dommage car les actions positives inspirent les gens. À ne parler que des aspects négatifs de la nature humaine, on finit par douter du fait que la nature humaine est bonne.

84

Les cinq sens contribuent à créer les émotions chez l'homme. C'est pourquoi la musique, la peinture, l'art sacré en général ont une influence sur nos émotions et peuvent nous aider à transformer des émotions négatives en leur contraire.

C'est le cas notamment de la musique, qui possède la vertu de nous relier à des niveaux plus profonds de notre être.

85

De manière générale, il est important de comprendre qu'il faut éviter de nuire aux autres par toute forme de violence. Cela dit, il se peut fort bien, dans des cas particuliers, qu'un moindre mal puisse en éviter un plus grand. On ne peut donc pas appliquer de manière absolue des règles générales mais, toujours, les évaluer en fonction de la situation qui se présente concrètement à nous. Il s'agit donc, en fin de compte, de faire pour chaque cas le bilan en termes de souffrance et de bien-être, pour que le moins de souffrance possible soit généré.

Samantabhadra

Le Bouddha des origines,
de l'ouverture primordiale.

༄༅། །གདོད་མའི་མགོན་པོ་འོད་མི་འགྱུར། །དཀྱིལ་འཁོར་ཀུན་གྱི་འབྱུང་གནས་གཙོ།།
མ་ཆེན་རབ་ཡེ་ཤེས་རྒྱ་མཚོ་བརྙེས། །ཀུན་བཟང་ཡབ་ཡུམ་ལ་ཕྱག་འཚལ། །

86

Tout est une question de motivation, y compris en ce qui concerne la science. Si on utilise par exemple l'avancement de la génétique pour guérir les maladies, on ne peut que s'en féliciter. Si on utilise l'avancement de la génétique pour nuire à autrui, c'est un acte de violence.

87

Quand je parle de la spiritualité, je ne parle pas nécessairement d'une spiritualité religieuse. Il ne faut pas attendre des seuls objets extérieurs qu'ils nous apportent bien-être et bonheur, il convient aussi de s'occuper de la manière dont fonctionne notre esprit en vue de le transformer. Pour moi, c'est cela, la spiritualité, penser et agir de manière altruiste.

Une révolution spirituelle ne peut pas naître des conditions et progrès extérieurs, des ordinateurs, des modifications ou traitements que l'on pourra apporter à notre cerveau, mais de ce que nous sommes à l'intérieur, du désir profond de changer afin de devenir un meilleur être humain. C'est à cela que nous devons travailler, car ce n'est qu'ainsi qu'une révolution spirituelle pourra avoir lieu.

La roue de la doctrine

La roue, symbole de complétude et de perfection,
incarne l'aspiration que l'enseignement du Bouddha
se répande dans toutes les directions
pour le bien de tous les êtres.

88

Les émotions négatives surgissent de notre esprit, l'influencent et le dominent, rendant l'homme esclave de ce qu'elles sont… La plupart naissent et disparaissent aussi soudainement qu'elles sont apparues. Ce qui ne veut pas dire pour autant que nous ne devons pas craindre leur puissance, terriblement destructrice pour soi et pour les autres. Le bouddhisme propose de nombreuses méthodes pour les canaliser et les transformer dès qu'elles apparaissent, mais encore faut-il être conscient de ce qui se passe en nous. Un tel effort ne peut se faire que si nous en comprenons les raisons. C'est là toute la différence qui existe entre une discipline choisie, qui permet d'évoluer dans la direction que l'on souhaite, et une discipline imposée contre laquelle la plupart des êtres se révoltent à un moment ou à un autre. Maîtriser son esprit suppose donc d'analyser les motifs qui nous poussent dans cette voie, afin de faire croître la confiance et la foi.

89

Mettre fin au karma, la loi de causes à effets qui régit le cycle des existences, suppose de mettre fin à l'ignorance fondamentale qui gouverne l'ensemble de nos vies. C'est de l'ignorance que découlent, notamment, le désir, la haine, la jalousie, la convoitise ainsi que toutes les émotions négatives qui dominent notre esprit et le maintiennent en esclavage jusqu'à ce que nous ayons réalisé l'éveil et que nous soyons libérés de toute souffrance. Cela mérite qu'on y pense afin de travailler à sortir de cette confusion.

Longchen Rabjam

Un des grands érudits du XIVe siècle, dont les textes sont encore souvent étudiés et commentés.

༄༅། །ཤེས་བྱའི་དཀྱིལ་འཁོར་རབ་གཟིགས་ཤིང་། །མཚོན་རིན་ཆེན་མཛོད་ཀྱིས་བརྗིད་པས། །
ཐབ་མེད་རི་དྭགས་ངལ་གསོ་རྒྱས་མཛད་པ། །ཀློང་ཆེན་རབ་འབྱམས་ལ་ཕྱག་འཚལ་ལོ། །

90

La pratique véritable ne se manifeste pas dans les lieux de culte mais à l'extérieur, dans le monde, là où nous pouvons nous confronter aux situations de la vraie vie et aux personnes qui peuvent susciter haine, amour, compassion, désir…

Pratiquer une religion ne consiste pas simplement à prier mais à développer les émotions positives que sont l'amour altruiste, la compassion, la bonté, la générosité, le sens des responsabilités et à donner sans compter et sans rien attendre en retour à ceux qui nous entourent, amis et ennemis.

91

Pour surmonter les émotions négatives, nous devons utiliser notre intelligence et développer nos connaissances afin de fortifier, grâce à elles, nos émotions positives telles que la compassion, la bonté, la foi et la bienveillance.

Ce n'est qu'en développant, parallèlement à ces émotions positives, la sagesse et la connaissance que nous pouvons non seulement dépasser nos émotions négatives, mais que nous pouvons y mettre un terme.

92

Nos souffrances mentales peuvent se montrer bien plus fortes que des souffrances physiques. Une personne malade ou qui vit dans la précarité peut être heureuse, malgré ces conditions difficiles, dès lors que son esprit est apaisé et serein. Au pire, elle peut faire en sorte que cette situation ne la gêne pas trop, le moins possible.

Ce qui n'est pas vrai, en revanche, pour une personne qui vit dans un cadre harmonieux et dont l'esprit est agité par des émotions conflictuelles. Ce qui compte avant tout pour vivre heureux est la paix de l'esprit.

93

La haine, l'attachement ou la jalousie déstabilisent notre esprit et l'empêchent de se comporter avec équanimité envers les êtres. Se comporter avec équanimité ne veut pas dire qu'on éprouve de l'indifférence ou qu'on ne se sente pas concerné par la souffrance des êtres. Adopter une telle attitude implique bien au contraire qu'on agisse envers les autres, de manière semblable, sans montrer de préférence ou de rejet, avec compassion et amour, et en faisant tout ce qui est en notre pouvoir pour aider tous les êtres sans distinction à parvenir à l'éveil.

94

De façon habituelle, nous attendons d'une personne que nous avons aidée qu'elle se montre reconnaissante, d'une manière ou d'une autre. Si elle ne le fait pas, nous pouvons sentir croître en nous soit de la colère, soit du ressentiment, ou encore un désir de lui nuire… Si nous avons appris à travailler sur notre esprit et à observer ce qui se passe en nous, alors nous pouvons arrêter le processus en cours et mettre fin à l'émotion perturbatrice qui nous pousse à réagir avec violence.

Par ailleurs, c'est encore plus facile à faire si nous considérons la personne qui nous fait face comme un maître dont le rôle est de nous apprendre à développer patience et compassion. Pensez-y lorsque vous serez amenés à vivre ce type de situation et vous verrez combien, dès lors que ce premier pas est franchi, il devient de plus en plus aisé de se comporter ainsi, de développer la paix de l'esprit.

Maitreya

Le Bouddha Maitreya incarne l'amour universel. Il viendra un jour sur terre et est, pour cette raison, représenté les pieds posés sur le sol, prêt à venir.

༄༅། །དགའ་ལྡན་གནས་སུ་དམ་པ་ཏོག་དཀར་པོས། །རང་གི་ཚོད་པན་ཉིད་ཀྱི་
དབུར་བཅིངས་ཏེ། །རྒྱལ་ཚབ་ཉིད་དུ་དབང་བསྐུར་མཆོག་བརྙེས་པ། །བྱམས་འདྲེན་
མ་ཕམ་མགོན་ལ་ཕྱག་འཚལ་ལོ།།

95

Différentes méthodes permettent de cultiver la patience. La connaissance de la loi du karma en est une. Ainsi, lorsque vous expérimentez, par exemple, des conditions de travail difficiles ou que vous rencontrez un problème particulier, songez que vous êtes responsable de la souffrance que vous vivez et qu'elle est sans doute due à des causes que vous avez, vous-mêmes, engendrées.

S'il est vrai que cela ne résoudra pas la situation pour autant, cela vous permettra cependant de relativiser, de prendre du recul et vous motivera à tout faire pour ne pas contribuer, par de « mauvaises » pensées ou actes, à créer à nouveau ce type de karma.

96

Avoir confiance en soi et en ses qualités ne veut pas dire que nous soyons orgueilleux. Il est important d'avoir confiance en ce que nous sommes, en nos talents et en nos capacités particulières, de manière à développer la foi en l'existence, sur laquelle viendra s'appuyer notre capacité à générer la bonté, la bienveillance, la compassion et l'amour altruiste. La foi et la confiance sont indispensables au développement des qualités humaines. Elles sont un terreau fertile où poussent toutes les graines qui donneront naissance aux émotions positives.

97

Les adultes, qu'ils soient parents ou non, devraient songer à la manière de donner le plus d'affection possible aux enfants dont ils ont la charge. L'éducation ne consiste pas seulement, en effet, à développer l'intellect, mais à faire de même pour tout ce qui concerne l'intelligence du cœur et les qualités humaines telles que la compassion, la gentillesse, la bienveillance, le sens des responsabilités.

Elle consiste aussi à enseigner aux enfants que nous sommes tous reliés, à travers le monde, afin qu'ils développent une conscience aiguë des conséquences de leurs pensées et de leurs actes.

Enfin, chose très importante, les adultes doivent montrer l'exemple à ceux qu'ils encadrent et élèvent, car l'exemple est la meilleure manière d'enseigner ce que l'on veut transmettre.

98

Il est illusoire de penser à transformer les autres sans agir d'abord sur soi-même. L'évolution vers la paix dans le monde passe par la réduction des conflits qui bouleversent certaines nations, de sorte qu'il n'y ait plus de guerre. Le fait de réduire les inégalités sociales en essayant de construire un monde meilleur suppose de commencer par se transformer d'abord soi-même, afin d'influer sur notre environnement immédiat : nos proches et notre famille.

En faisant régner dans ce premier cercle intérieur la compassion, la tendresse, la bonté et la joie, il devient alors possible d'étendre ces acquis à des cercles plus extérieurs : amis, voisins et ainsi de suite. En français, vous dites que cela fait « un effet boule de neige ».

En transformant d'abord son propre esprit, on peut devenir plus attentif aux autres, grâce à la force de l'amour altruiste qui se développe en nous. Par cet amour, noun pouvons influencer le reste du monde et participer à mettre en place la paix entre les hommes et entre les nations. C'est un point fondamental

99

Dans notre vie de tous les jours, nous savons que plus l'esprit est stable, calme et satisfait, plus nous en retirons de sensations et d'expériences de bonheur. Plus l'esprit est indiscipliné, non entraîné et négatif, plus nous souffrons mentalement aussi bien que physiquement. Il est donc bien évident qu'un esprit discipliné et satisfait est la source de notre bonheur.

Cet état d'esprit discipliné et serein, quand nous l'explorons et le faisons progresser jusqu'à un certain niveau est appelé la « vérité de la voie qui mène à la cessation ». Les illusions peuvent être éliminées et séparées de l'esprit parce qu'à leur racine il y a une méprise qui saisit les choses et les événements.

100

Les enseignements bouddhistes nous disent qu'au cours de nos vies successives, tous les êtres ont un jour été nos parents. Croire en cela permet de relativiser, d'emblée, les conflits qui peuvent survenir entre deux personnes et inspire une approche différente de ce que nous nommons nos ennemis. Savoir en effet que toute expérience négative résulte de notre karma passé transforme le regard que nous portons sur notre prétendu ennemi. Ce dernier devient la manifestation extérieure de facteurs que nous avons contribué à créer, ce qui change notre manière de l'appréhender. Il est important de le comprendre, pour ne pas éprouver d'émotions négatives à l'encontre de personnes ou de facteurs extérieurs qui ne sont, en fait, en rien responsables de ce qui nous arrive.

101

Il importe de rester dans le monde pour y accomplir le bien d'autrui. Et pour cela, il convient de demeurer en phase avec la réalité et avec l'époque dans laquelle nous vivons.

En tant que responsable religieux, mon devoir est de travailler, sans relâche, à mettre ma tradition à la portée de tous et de faire en sorte qu'elle soit facilement applicable à la vie moderne.

102

Dans les nations démocratiques où il est question des droits de l'homme, ceux des animaux sont trop souvent bafoués. Pourtant, selon le principe dit d'interdépendance des êtres et des phénomènes, nous sommes tous reliés les uns aux autres. Nous l'oublions et nous n'analysons pas les conséquences que nos comportements négatifs engendreront, à plus ou moins long terme, sur nos conditions de vie. L'exploitation abusive faite des animaux et de la nature aura sans doute, dans le futur, de graves répercussions, notamment sur l'alimentation et la santé. Si nous y réfléchissions un instant, nous mettrions en place des systèmes qui prendraient en compte la protection de l'environnement et des animaux.

103

La plupart des principes religieux sont issus de l'observation des comportements et sentiments humains. Ils ont pour objectif d'accroître les qualités humaines positives, telles que la compassion, la bonté, la bienveillance. L'enseignement et la pratique aident le disciple bouddhiste à réaliser le *nirvana*, la libération de toute souffrance. Souhaiter atteindre ce but ultime ne veut pas dire, pour autant, que nous devions négliger nos conditions de vie. Lorsqu'elles sont bonnes, elles nous permettent en effet de venir en aide plus facilement aux êtres vivants. Par exemple, il est impossible de vivre sans argent. Il ne s'agit donc pas de remettre en cause son importance, mais de le situer à sa juste place, de ne pas le considérer comme un dieu tout-puissant. Il est faux de penser qu'il peut combler nos besoins essentiels et fondamentaux. La priorité est d'avoir un esprit sain, qui fonctionne de manière positive, afin d'avoir le cœur en paix. Tout le reste vient ensuite.

Le vase d'abondance

Ce vase d'abondance contient le nectar qui symbolise la richesse spirituelle.

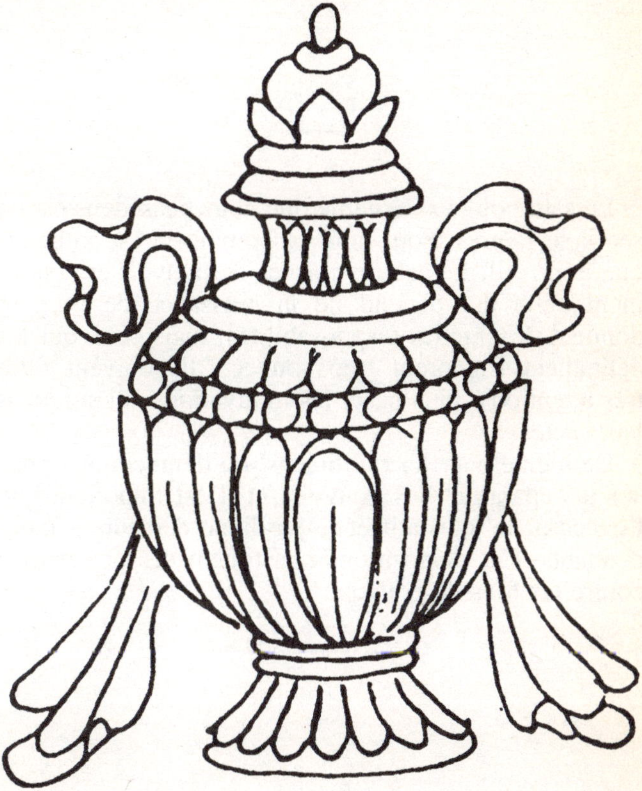

104

Le seul pouvoir véritable que nous possédons est de servir les autres. Pour moi, ce pouvoir-là est authentique et positif. Les autres formes de pouvoir et notamment celle qui dépend de la puissance de l'argent donnent de grandes responsabilités, mais ceux qui les détiennent l'ignorent trop souvent. Ils doivent faire très attention à bien peser les motivations qui suscitent leurs actes.

De même pour les politiciens. La démocratie repose sur la séparation des pouvoirs et il est important que l'exécutif, le législatif et le juridique demeurent indépendants. Ces dispositions constituent des protections contre les fous de pouvoir.

105

Je ne fais aucune différence, sur le plan humain, entre des chefs d'État ou de simples individus. Nous sommes tous frères. Nous avons les mêmes besoins fondamentaux. La spiritualité est nécessaire pour tous. Cela dit, je dirais qu'elle est sans doute plus utile à quelqu'un qui a des responsabilités nationales qu'à un chercheur sur la voie, qui vit retiré du monde. Un chef de gouvernement, un homme politique ou un grand chef d'entreprise sont des personnages importants dans la société. Leurs actions positives ou négatives ont des répercussions sur la vie d'un grand nombre de personnes. Pour rester positif et avoir de bonnes motivations, ils doivent suivre un entraînement spirituel afin d'éviter de faire du mal à autrui sur une grande échelle. Il est donc urgent que les dirigeants développent une attitude altruiste et le sens des responsabilités. Le monde a besoin de cela pour aller vers la paix.

106

Il y a quelques dizaines d'années, personne ne se préoccupait de l'écologie. Les dirigeants et leurs peuples pensaient, à tort, que les ressources de la Terre étaient inépuisables. Désormais, la plupart des partis politiques parlent d'écologie. Ces changements de perspective s'appuient sur l'expérience. Bien que tous les gouvernements n'agissent pas encore pour préserver les ressources naturelles et que l'effet de serre et la déforestation progressent, peu à peu ces idées font aussi leur chemin. Cela me donne du courage pour continuer à œuvrer à un avenir meilleur.

107

Les êtres éveillés sont des exemples à suivre pour tous les pratiquants. Ils les incitent à déployer plus d'efforts pour leur ressembler et accomplir semblable sagesse et compassion. L'intelligence permet de réaliser ce but dès lors qu'elle n'est plus dirigée par les émotions négatives ou nuisibles, sources de souffrance. Ainsi, une intelligence mue par une bonne motivation se révèle être une aide précieuse.

108

L'amour maternel qui relie la mère à son enfant ne résulte pas d'un attachement passionnel. La mère n'attend rien de son bébé, elle se sent responsable de lui et souhaite lui procurer de la joie et du bien-être en toute circonstance. Cet amour-là, s'il n'est pas perverti, est très proche de la compassion véritable, au sein de laquelle n'existe aucune trace d'attachement. C'est pourquoi la compassion authentique se manifeste de manière identique pour les amis et ennemis. Lorsque vous avez réalisé ce niveau de pratique, vous ne faites plus de différence entre les êtres, vous voulez leur bien à tous, vous vous en préoccupez, inconditionnellement et indistinctement, même lorsque vous savez que la personne qui se tient devant vous cherche à vous nuire. Cela ne vous affecte pas, car vous avez développé la paix de l'esprit. Ce qui n'empêche en rien de prendre toutes les précautions nécessaires pour la contrer, mais sans éprouver de haine, de colère ou de ressentiment.

Table des illustrations

Sakyamuni 22
Tara 28
L'ombrelle 32
Padmasambhava 40
Yeshé Tsogyal 44
La bannière 48
Vajradhara 58
Shri Singha 62
Les deux poissons 70
Vajrasattva 74
Vimalamitra 80
Vairochana 88
La conque 92
Jamgon Mipham 100
Akshobhya 104
La fleur de lotus 114
Ratnasambhava 118
Le cinquième Dalaï-lama 122
Amitabha 132
Le nœud de la vie infinie 136
Rangjung Dorje 140

Amogasiddhi 148
Samantabhadra 160
La roue de la doctrine.. 164
Longchen Rabjam 168
Maitreya 176
Le vase d'abondance 188

L'art d'aimer

Conseils du cœur

Sa Sainteté le Dalaï-Lama

Le Dalaï-Lama livre une série de conseils simples, destinés à accompagner chacun tout au long de sa vie, quelles que soient ses croyances et sa tradition religieuse. À ceux qui sont prisonniers d'une passion amoureuse, à ceux qui souffrent de solitude, à ceux qui ne s'aiment pas, et à tous les autres, il apprend à adopter un regard ouvert sur le monde et sur soi-même. Un véritable guide pour trouver le chemin du bonheur et de l'harmonie.

(Pocket n° 11615)

Composé par Nord Compo
à Villeneuve-d'Ascq

Achevé d'imprimer sur les presses de

BUSSIÈRE

GROUPE CPI

à Saint-Amand-Montrond (Cher)
en mars 2008

POCKET - 12, avenue d'Italie - 75627 Paris Cedex 13

— N° d'imp. : 80453. —
Dépôt légal : avril 2008.

Imprimé en France